VEJEN TIL LIVET

Vejen til livet

ALDIVAN TORRES

Canary Of Joy

Contents

1

Vejen til livet

Aldivan Teixeira Torres

Vejen til livet

Forfatter: Aldivan Teixeira Torres

© 2020- Aldivan Teixeira Torres

Alle rettigheder forbeholdes.

—

Aldivan Torres er en forfatter konsolideret i flere genrer. Indtil videre er titlerne udgivet på snesevis af sprog. Fra en tidlig alder har han altid været en elsker af skrivekunsten, idet han har konsolideret en professionel karriere fra anden halvdel af 2013. Han håber med sine skrifter at bidrage til den internationale kultur og vække glæden ved at læse hos dem, der ikke har vane. Din mission er at vinde hjerterne hos hver af dine læsere. Ud over litteraturen er hans vigtigste underholdning musik, rejser, venner, familie og glæden ved selve livet. "For litteratur, lighed, broderskab, retfærdighed, værdighed og ære for mennesket altid" er hans motto

Genoptag

Skaberguden

Ægte kærlighed

Anerkend dig selv som synder og begrænset

Indflydelsen fra den moderne verden

Sådan integreres med faderen

Vigtigheden af kommunikation

Gensidig afhængighed og visdom af ting

Giv ikke nogen skylden

At være en del af en helhed

Klag ikke

Se fra et andet synspunkt

En sandhed

Tænk på den anden

Glem problemerne

Ansigt fødsel og død som processer

Udødelighed

Har en proaktiv holdning

Gud er ånd

En vision om tro

Følg mine befalinger

Den døde tro

Har en anden vision

Fra svaghed kommer styrke

Hvad skal man gøre i en delikat økonomisk situation

Står over for familiens problemer

Overvinde en sygdom eller endda døden

Mød dig selv

Sophia

Retfærdighed

Fristedet på det rigtige tidspunkt

Forførelsen af verden versus Guds vej

At lære Gud at kende

Den retfærdige og forholdet til Gud

Forholdet til Gud

Hvad du skal gøre

Jeg giver dig alt mit håb

Venskab

Tilgivelse

Find vej

Sådan bor du på arbejde

At leve med hårdtsårede mennesker på arbejde

Forbereder sig på at få en selvstændig arbejdsindkomst

Analysere mulighederne for specialisering i studier

Hvordan man bor i familien

Hvad er familie

Hvordan man respekterer og respekteres

Økonomisk afhængighed

Betydningen af eksemplet

Stien

Gå med de gode fyre, så får du fred. Gå med de onde, så bliver du ulykkelig. Fortæl mig med hvem du hænger sammen, og jeg vil fortælle dig, hvem du er. Dette kloge ordsprog afslører, hvor vigtigt det er at være selektiv i venskaber. Jeg tror dog, det hele er en læringsoplevelse. Du skal lave fejl for at lære, eller du skal eksperimentere for at vide, hvad du kan lide. Erfaring er en Hovedfaktor for menneskets udvikling, da vi er vandrende væsener udsat for en forsonings- og bevisers virkelighed.

At vide, hvordan man er kritisk

Vi er i konstant udvikling i væsener. Det er normalt at kritisere dig selv og altid ønsker at forbedre din præstation i dine daglige aktiviteter. Men kræv ikke for meget af dig selv. Tiden lærer og modner dine ideer. Del dine opgaver på en sådan måde, at du har nok fritid. Overvældet sind producerer intet praktisk. Der er tidspunktet for plantning og høst.

Det kræver empati og kontrol. Hvis din partner laver en fejl, så giv ham gode råd, men genskab ham ikke. Husk, at vi ikke kan dømme den anden, fordi vi også er ufuldkommen og mangelfulde væsener. Det ville være en blind mand, der guider en anden blind mand, der ikke ville bære frugt. Reflektere, planlæg og realiser. De er de nødvendige søjler for succes.

Hvis du er chef, skal du kræve færdigheder fra dine underordnede, men også være forståelse og menneskelig. Et arbejdsmiljø fyldt med tunge og negative vibrationer hindrer kun vores udvikling. Det kræver samarbejde, levering, arbejde, beslutsomhed, planlægning, kontrol og tolerance i arbejdsmiljøet. Dette kaldes arbejdsdemokratisering, et væsentligt element i forretningsførelsen, da vores samfund er flertal og mangesidet. Miljøet skal derfor være et sted for social inklusion.

Kunder og forbrugere beundrer store virksomheder, der stræber efter inklusion og bæredygtighed. Dette genererer et meget positivt image inden for og uden for organisationen. Derudover bidrager værdierne til enhed, vedholdenhed, værdighed og ære til virksomhedens evighed. I dette tilfælde anbefaler jeg punktligt møde med højt kvalificerede fagfolk som: psykolog, human relations tekniker, administratorer, succesrige ledere, forfattere, sundhedspersonale blandt andre.

Livets mestre

Vi er på en stor mission foran en fuldstændig forskellig mængde. Nogle har mere viden, og andre har mindre viden. Imidlertid kan vi alle undervise eller lære. Visdom måles ikke efter alder eller social tilstand, det er en guddommelig gave. Så kan vi finde en tigger, der er klogere end en succesrig forretningsmand. Det måles ikke ved økonomisk styrke, men ved en konstruktion af værdier, der gør os mere menneskelige. Succes eller fiasko er kun en konsekvens af vores handlinger.

Vores første mestre er vores forældre. Så det er rigtigt, at vores familie er vores værdigrundlag. Så har vi kontakt med samfundet og i skolen. Alt dette afspejler vores personlighed. Mens vi altid har valgmuligheden. Kaldet fri vilje, det er betingelsen for alle væseners frihed og skal respekteres. Jeg er fri til at vælge min vej, men jeg skal også bære konsekvenserne. Husk, vi modtog kun det, vi planter. Derfor kalder du det et godt træ, det er det der bærer god frugt.

Vi er født med en disposition for det gode, men ofte bringer miljøet os skade. Et barn i en tilstand af undertrykkelse og elendighed udvikler sig ikke på samme måde som et velhavende barn. Dette kaldes social ulighed, hvor få mennesker har mange penge, og mange mennesker er fattige. Ulighed er verdens store onde. Det er en stor uretfærdighed, der medfører lidelse og skade for den del af den ugunstigt stillede befolkning. Jeg tror, vi har brug for flere politikker for social integration. Vi har brug for job, indkomst og muligheder. Jeg synes velgørenhed er en fantastisk kærlighedshandling, men jeg synes det er ydmygende at leve netop det. Vi har brug for arbejde og anstændige overlevelsesforhold. Vi er nødt til at håbe på bedre dage. Hvor godt det er at købe ting med vores arbejde og ikke blive diskrimineret. Vi er nødt til at have alles mulighed uden nogen form for forskelsbehandling. Vi har brug for job til sorte, oprindelige mennesker, kvinder, homoseksuelle, transseksuelle, alligevel, for alle.

Jeg tror, at vejen ud af en ny model for bæredygtighed ville være elitens fælles arbejde med regeringen. Mindre skatter, flere økonomiske incitamenter, mindre bureaukrati vil hjælpe med at reducere ulighed. Hvorfor har en person brug for milliarder på deres bankkonto? Dette er totalt unødvendigt, selvom det er frugten af dit arbejde. Vi er nødt til at beskatte de store formuer. Vi er også nødt til at opkræve arbejdskraft og skattegæld fra store virksomheder for at generere udbytte. Hvorfor privilegere den rige klasse? Vi er alle borgere med rettigheder og pligter. Vi er de samme for loven, men vi er faktisk ulige.

Returloven

En tid med kval

Når en tid af angst kommer, og det ser ud til, at alle de uretfærdige trives, kan du være sikker. Før eller senere vil de falde og de retfærdige vinde. Gud veje er ukendte, men de er retskafne og kloge, på intet tidspunkt vil han opgive dig, selvom verden fordømmer dig. Det gør det, så navnet videreføres fra generation til generation.

Du høster hvad du sår

Alt hvad du gør på jorden for din skyld, er skrevet i livets bog. Hvert råd, donation, frigørelse, økonomisk støtte, venlige ord, komplimenter, samarbejde om velgørenhedsarbejder blandt andre er et skridt mod velstand og lykke. Tro ikke, at det hjælper den anden med at hjælpe den anden. Tværtimod er din sjæl den mest fordel af dine handlinger, og du kan få højere flyrejser. Har bevidstheden i dig om, at intet er gratis, det gode vi modtog i dag, planter vi tidligere. Har du nogensinde set et hus støtte sig selv uden et fundament? Så sker der også med hver af vores handlinger.

Giv eller ikke almisser?

Vi lever i en verden af grusom og fuld af svindlere. Det er almindeligt for mange mennesker med gode økonomiske forhold at bede om almisse til berigelse, et skjult tyveri, der suger arbejdstagernes allerede misvisende løn. Stillet over for denne hverdagssituation nægter mange at hjælpe med en anmodning om almisse. Er dette den bedste løsning?

Det er bedst at analysere fra sag til sag og føle personens intention. Der er utallige plager på gaden, der er ingen måde at hjælpe alle på, det er sandt. Men når dit hjerte tillader det, hjælp. Selv om det er bedrageri, vil synd være i den anden persons hensigt. Du har gjort din del, bidraget til en mindre ulig og mere human verden. Tillykke til dig.

Handlingen med at undervise og lære

Vi er i en verden af forsoning og prøvelser, en verden i konstant forandring. For at tilpasse os dette miljø befinder vi os i en rig undervisnings-læringsproces, der afspejles i alle miljøer. Benyt denne mulighed, absorber de gode ting og benægt de dårlige, så din sjæl kan udvikle sig på vejen mod faderen.

Vær altid taknemmelig. Tak Gud for din familie, venner, rejsekammerater, livsnære og alle dem, der tror på dig. Giv noget af din lykke tilbage til universet ved at være en god apostel. Det er virkelig det værd.

Hvordan man handler over forræderi

Vær forsigtig med mennesker, stol ikke så let. Falske venner tænker ikke to gange og leverer deres hemmelighed foran alle. Når dette sker, er det bedste at træde tilbage og placere tingene på deres rette steder. Hvis du kan og har udviklet dig nok, tilgiv. Tilgivelse vil frigøre din sjæl fra vrede, og så vil du være klar til nye oplevelser. Tilgivelse betyder ikke at glemme, for når du først har brudt din tillid, kommer du ikke tilbage.

Husk returloven, hvad er den smukkeste lov af alle. Alt, hvad du gør forkert over for den anden, vender tilbage med renter, som du kan betale. Så bekymre dig ikke om den skade, de har gjort dig, du vil være der for dine fjender, og Gud vil handle retfærdigt ved at give dig, hvad alle fortjener.

Kærlighed skaber mere kærlighed

Velsignet være den, der oplevede kærlighed eller lidenskab. Det er den mest sublime følelse der findes, der omfatter at give, afstå, overgive, forståelse, tolerance og løsrivelse fra materialet. Imidlertid har vi ikke altid en følelse, som den elskede gengælder, og det er når smerte og forfærdelse opstår. Der kræves en tid til at afveje den og respektere denne periode. Når du har det bedre, skal du gå videre og ikke fortryde noget. Du elskede det, og som en belønning vil Gud vise den anden person en vej, at han eller hun også vil gå deres vej fremad. Der er stor sandsynlighed for, at hun vil blive afvist af andre for at betale for den lidelse, der er forårsaget. Dette genstarter en ond cirkel, hvor vi aldrig har hvem vi virkelig elsker.

Handler på vegne af fattige, ekskluderede og underordnede

Forsøg at hjælpe hjemløse, forældreløse, prostituerede, de forladte og de elskede. Din belønning vil være stor, fordi de ikke kan tilbagebetale din goodwill.

I en virksomhed behandler skole, familie og samfund generelt alle med ligestilling uanset deres sociale klasse, religion, etnicitet, seksuelle valg, hierarki eller enhver specificitet. Tolerance er en stor dyd for dig at have adgang til de højeste himmelske domstole.

Sidste besked

Nå, det er den besked, jeg ville give. Jeg håber, at disse få linjer vil oplyse dit hjerte og gøre dig til en bedre person. Husk: Det er altid tid til at ændre og gøre godt. Deltag i denne kæde af godt for en bedre verden. Vi ses næste historie.

Vejen til velvære

Stien

Mennesket i al sin bevidsthed har to dimensioner, der skal observeres: den måde, han ser sig selv på, og den måde, hvorpå det ses af samfundet. Den største fejl er, at han kan lave, er at forsøge at passe til en standard i samfundet som vores. Vi lever i en verden, der for det meste er fordomsfuld, ulige, tyranni, grusom, ond, fuld af svig, falskhed og materielle illusioner. At absorbere god lære og være autentisk er den bedste måde at føle at acceptere dig selv.

At lære og kende sig selv bedre, stole på gode værdier, lide dig selv og andre, værdsætte familie og praktisere velgørenhed er måder at finde succes og lykke på. I denne bane vil der være fald, sejre, sorger, lykke, øjeblikke af fritid, krig og fred. Det vigtige i alt dette er at holde dig selv med tro på dig selv og en større kraft uanset din tro.

Det er vigtigt at efterlade alle de dårlige minder og gå videre med dit liv. Vær sikker på at Gud forbereder gode overraskelser, hvor du vil føle den sande glæde ved at leve. Har optimisme og udholdenhed.

Stierne til Gud

Jeg er farens søn, den der kom for at hjælpe denne dimension i en virkelig konsistent udvikling. Her, da jeg ankom, fandt jeg, at en menneskehed var helt rodet og afledte fra min fars primære mål med at skabe det. I dag er det, vi ofte ser, smålige, egoistiske, vantro Guds folk, konkurrencedygtige, grådige og misundelige. Jeg har ondt af disse mennesker, og jeg prøver at hjælpe dem på den bedste måde, jeg kan. Jeg kan gennem mit eksempel vise de kvaliteter, som min far virkelig vil have dem til at dyrke: Solidaritet, forståelse, samarbejde, lighed, broderskab, kammeratskab, barmhjertighed, retfærdighed, tro, klo, vedholdenhed, håb, værdighed og frem for alt kærlighed blandt væsener.

Et andet stort problem er menneskelig stolthed over at være en del af en mere begunstiget gruppe eller klasse. Jeg fortæller dig, at du har åbne arme og hjerter til at modtage dine børn uanset din race, farve, religion, sociale klasse, seksuelle orientering, politiske parti, region eller enhver specificitet. Alle er lige i sagen for deres far. Nogle er dog mere gavnlige af deres værker og behagelige sjæl.

Tiden løber hurtigt. Så gå ikke glip af muligheden for at samarbejde om et bedre og mere retfærdigt univers. Hjælp de ramte, de syge, de fattige, venner, fjender, bekendte, fremmede, familie, fremmede, mænd og kvinder, børn, unge eller gamle, kort sagt, hjælp uden at forvente gengældelse. Stor vil være din belønning før faderen.

De gode mestre og lærlinge

Vi er i en verden af forsoning og beviser. Vi er indbyrdes afhængige væsener og mangler kærlighed, kærlighed, materielle ressourcer og opmærksomhed. Hver og en gennem deres liv er ved at få erfaring og overføre noget godt til de nærmeste. Denne gensidige udveksling er afgørende for at nå en tilstand af fuld fred og lykke. At forstå ens egne, forstå andres smerte, handle for retfærdighed, omdanne begreber og opleve den frihed, som viden giver, er uvurderlig. Det er godt, at ingen kan stjæle fra dig.

I løbet af mit liv havde jeg gode lærere: Min åndelige og kødelige far, min mor med hendes sødme, lærere, venner, familie generelt, bekendte, kollegaer, værge, engel, hinduen, præstinde, Renato (min eventyrpartner), Philip Andrews (En mand præget af en tragedie), så mange andre karakterer, der med hans personlighed markerede min historie. I historiens tilbageslag vejledte jeg mine nevøer og hele menneskeheden gennem mine bøger. Jeg har udført begge roller godt, og jeg leder efter min identitet. Nøglen til spørgsmålet er at efterlade et godt frø til, som Jesus sagde: de retfærdige vil skinne som solen i deres fars rige.

God praksis for at forblive ædru

Der er forskellige måder at se verden på og vænne sig til den. I mit særlige tilfælde kunne jeg opretholde stabilitet efter lang tid med intern åndelig forberedelse. Fra min erfaring kan jeg give tip til, hvordan jeg kan orientere mig i lyset af livets uoverensstemmelse: Drik ikke alkohol, ikke ryger, brug ikke stoffer, arbejde, optag dig med behagelig aktivitet, gå ud med venner, gå, rejse i godt selskab, spise og klæde godt, komme i kontakt med naturen, undslippe rush og animation, hvile dit sind, lytte til musik, læse bøger, opfylde indenlandske forpligtelser, være tro mod dine værdier og tro, respekter de ældste, tage sig af instruktionerne til de yngre, vær from, forståelse og tolerant, saml til din åndelige gruppe, bede, have tro og ikke temaer. På en eller anden måde åbner skæbnen de gode døre for dig og finder derefter din vej. Meget held er, hvad jeg ønsker for alle.

Værdien gennem eksemplet

Mennesket reflekteres gennem sine værker. Dette kloge ordsprog viser nøjagtigt, hvordan vi skal handle for at opnå lykke. Det nytter ikke mennesket at have konsoliderede værdier, hvis han ikke omsætter dem til praksis. Mere end gode intentioner har vi brug for konsoliderede holdninger for, at verden derefter kan transformeres.

Følelsen i universet

Lær at kende dig selv, værdsætte dig selv mere og samarbejde for andres bedste. Meget af vores problemer stammer fra vores frygt og mangler. Når vi kender vores svagheder, kan vi ordne dem og planlægge i fremtiden at blive bedre som menneske.

Følg din etik uden at glemme retten til dem, der er ved din side. Vær altid upartisk, retfærdig og generøs. Den måde, du behandler verden på, vil have som gengældelse succes, fred og ro. Vær ikke for kræsen med dig selv. Prøv at nyde hvert øjeblik i livet fra et læringsperspektiv. Næste gang ved du nøjagtigt, hvordan du skal handle.

Følelse guddommelig

Intet er tilfældigt, og alt, hvad der findes i universet, har sin betydning. Vær glad for livets gave, for muligheden for at trække vejret, gå, arbejde, se, kramme, kys og give kærlighed. Ingen er et isoleret stykke; vi er en del af universets gear. Prøv at lave enkle mentale forbindelsesøvelser. I dine øjeblikke skal du gå til dit værelse, sidde på din seng, lukke øjnene og reflektere over dig selv og selve universet.

Når du slapper af, vil dine problemer blive efterladt, og du vil bemærke tilgangen til det guddommelige led. Prøv at fokusere på lyset i slutningen af tunnelen. Dette lys giver dig håbet om, at det er muligt at ændre, slette fortidens fejltagelser, tilgive dig selv og indgå fred med fjender ved at gøre dem til venner. Glem kampene, vrede, frygt og tvivl. Alt dette kommer bare i vejen for dig. Vi er mest aktive, når vi forstår hinandens side og har evnen til at komme videre. Tak, at du er sund, og at du stadig har tid til at løse de verserende problemer.

Vi er farens sønner; vi blev skabt for at hjælpe planeten med at udvikle sig og også være lykkelige. Ja, vi kan få det hele, hvis vi er værdige til det. Nogle er glade alene, andre sammen med en ledsager, andre ved at engagere sig i en religion eller trosbekendelse, og andre ved at hjælpe andre. Lykke er relativ. Glem aldrig også, at der vil være dage med fortvivlelse og mørke, og at det i dette øjeblik din tro skal være mere til stede. I lyset af smerte er det nogle gange ret kompliceret at finde en vej ud. Vi har dog en Gud, der aldrig opgiver os, selvom andre gør det. Tal med ham, så forstår du tingene bedre.

Ændring af rutinen

Verden i dag er blevet et stort kapløb mod selve overlevelsestiden. Vi bruger ofte mere tid på arbejde end med vores familier. Dette er ikke altid sundt, men det bliver nødvendigt. Tag fridage for at ændre din rutine lidt. Gå ud med venner, ægtefælle, gå til parker, teatre, klatring i bjerge, svømme i floden eller til søs, besøg slægtninge, gå i biografen, fodboldstadion, læs bøger, se tv, surfe på internettet og lav nyt venner. Vi er nødt til at ændre rutinemæssigt syn på ting. Vi er nødt til at kende lidt af denne store verden og nyde det, som Gud har efterladt. Tænk, at vi ikke er evige, at der i ethvert øjeblik kan ske noget, og at du ikke længere er blandt os. Så lad ikke det i morgen være, hvad du kan gøre i dag. I slutningen af dagen tak for muligheden for at være i live. Dette er den største gave, vi har modtaget.

Verdens ulighed versus retfærdighed

Vi lever i en sindssyg, konkurrencedygtig og ulige verden. Følelsen af straffrihed, håbløshed, grådighed og ligegyldighed er overvældende. Alt, hvad Jesus tidligere har undervist, bliver ikke omsat i praksis. Så hvad er meningen med, at han kæmper så hårdt for en bedre verden, hvis vi ikke sætter pris på det?

Det er ubesværet at sige, at du forstår den andres smerte, undertiden har solidaritet og medfølelse ved at se et billede på internettet eller endda på gaden foran en forladt mindreårig. Det er svært at have holdning og prøve at ændre denne historie. Uden tvivl er verdens elendighed meget stor, og vi har ingen måde at hjælpe alle på. Gud vil ikke kræve det af dig under retssagen. Men hvis du i det mindste kan hjælpe din nabo, vil den allerede være af god størrelse. Men hvem er vores næste? Det er din arbejdsløse bror, det er din triste nabo for at miste sin kone, det er hans kollega, der har brug for din vejledning. Hver din handling, uanset hvor lille den er, tæller i evolutionens aspekt. Husk: Vi er, hvad vores værker er.

Prøv altid at hjælpe. Jeg vil ikke kræve din perfektion; dette er noget der ikke findes i denne verden. Hvad jeg ønsker er, at du skal elske din næste, min far og dig selv. Jeg er her for at vise dig igen, hvor stor min kærlighed til menneskeheden er, selvom den ikke fortjener det. Jeg lider meget af menneskelig elendighed og vil forsøge at bruge den som et instrument til min goodwill. Jeg har dog brug for din tilladelse for at kunne handle i dit liv. Er du klar til virkelig at leve min og min fars vilje? Svaret på dette spørgsmål vil være en endelig milepæl i dets eksistens.

Musikkens kraft

Noget meget afslappende, og som jeg varmt kan anbefale til fred og menneskelig udvikling, er at lytte til musik. Gennem teksterne og melodien bevæger vores sind sig og mærker præcis, hvad forfatteren ønsker at gennemgå. Ofte frigør dette os fra alt det onde, vi bærer i løbet af dagen. Samfundets pres er så stort, at vi ofte rammes af andres negative og misundelige tanker. Musik frigør os og trøster os ved at rydde vores sind helt.

Jeg har en eklektisk smag for musik. Jeg kan godt lide Rock, Funk, brasiliansk populærmusik, international, romantisk, country eller enhver god musik. Musik inspirerer mig og ofte hører jeg dem om stille musikindstillinger. Gør dette også, og du vil se en stor forskel i din livskvalitet.

Sådan bekæmpes det onde

Vi har levet en dualitet i universet siden den store dragen faldt. Denne virkelighed afspejles også her på jorden. På den ene side ærlige mennesker, der ønsker at leve og samarbejde og andre bastarder, der søger andres ulykke. Mens ondskabens kraft er sort magi, er kraften i den gode bøn. Glem ikke at anbefale dig selv til din far mindst en gang om dagen, så mørkets kraft ikke rammer dig.

Som Jesus lærte, frygt ikke den mand, der kan tage sit liv fra sin krop, et tema der kan fordømme hans sjæl. Gennem fri vilje kan du simpelthen afvise fjendernes angreb. Valget til godt eller ondt er kun dit. Når du synder, skal du ikke retfærdiggøre dig selv. Genkend din fejl, og prøv ikke at gå glip af mere.

En holdning, jeg havde i mit liv, ændrede fuldstændigt mit forhold til universet og med Gud. Jeg ønskede, at herrens vilje ville udrette i mit liv, og at Helligånden måske handlede. Fra da af havde jeg kun succes og lykke, fordi jeg er lydig. I dag lever jeg i fuldt fællesskab med min skaber, og det er jeg glad for. Husk, at det er dit valg.

Jeg er den uforståelige

Hvem er jeg? Hvor kom jeg fra? Hvor skal jeg hen? Hvad er mit mål? Jeg er den uforståelige. Jeg er nordens ånd, der blæser derfra til her uden retning. Desuden er jeg kærlighed, de retfærdiges tro, børns håb, jeg er de lidendes hjælpende hånd, jeg er det råd, der er givet godt, jeg er din samvittighed, der advarer fare, det er mig, der animerer sjælen, jeg er tilgivelse, jeg er forsoning, jeg forstår og vil altid tro på dit helbred, selv før synden. Jeg er Davids træ, den første og sidste, jeg er Guds forsyn, der skaber verdener. Jeg er den lille nordøstlige drømmeknap, der er bestemt til at erobre verden. Desuden er jeg guddommelig for de mest intime, seeren eller simpelthen Guds søn med rette. Jeg kom ned på min fars befaling for at redde dem igen fra mørket. Før mig er der ingen magt, myndighed eller royalty, for jeg er kongen af konger. Jeg er din Gud af det umulige, der kan ændre dit liv. Tro det altid.

Oplever problemer

Som guddommelig kan jeg gøre alt og i menneskelig form lever jeg med svagheder som enhver anden. Jeg blev født i en verden af undertrykkelse, fattigdom, modgang og ligegyldighed. Jeg forstår din smerte som ingen andre. Desuden kan jeg se dybt i din sjæl din tvivl og frygt for, hvad der kan komme. Da jeg er opmærksom på det, ved jeg nøjagtigt, hvordan jeg bedst kan møde dem.

Jeg er din bedste ven, den der er ved din side hver time. Vi kender måske ikke hinanden, eller jeg er ikke fysisk til stede, men jeg kan handle gennem mennesker og i ånd. Jeg vil have det bedste for dit liv. Vær ikke oprørsk og forstå årsagen til fiaskoen. Årsagen er, at noget er forberedt på noget bedre, noget du aldrig havde forestillet dig. Jeg lærte dette af min erfaring. Jeg oplevede et intenst øjeblik af fortvivlelse, hvor intet levende væsen har hjulpet mig. Næsten total slitage reddede min far mig og viste sin enorme kærlighed. Jeg vil betale tilbage og gøre det mod resten af menneskeheden.

Jeg ved præcis, hvad der foregår i dit liv. Desuden ved jeg nogle gange, at det føles som om ingen forstår dig, og det føles bare som om du er alene. I disse øjeblikke hjælper det ikke at søge en logisk forklaring. Sandheden er, at der er en stor forskel mellem menneskelig kærlighed og min. Mens førstnævnte næsten altid er involveret i et spil af interesser, er min kærlighed sublim og højeste. Jeg rejste dig, forsynede dig med livets gave, og jeg gryr hver dag ved din side gennem min engel. Jeg holder af dig og din familie. Desuden er jeg meget ked af det, når du lider, og det afvises. Ved, at i mig vil du aldrig få et negativt. I mellemtiden beder jeg dig om at forstå mine planer og acceptere dem. Jeg har skabt hele universet, og jeg ved mere end dig den bedste måde. Til dette kalder nogle det en destination eller forudbestemmelse. Så meget som alt virker forkert, har alt en betydning og bevæger sig mod succes, hvis du er fortjent.

Her er blandt jer nogen, der elskede og som elsker. Min evige kærlighed vil aldrig forsvinde. Min kærlighed er fuld og har ingen krav. Bare have konsoliderede værdier for en god mand. Ønsker ikke at sætte ord på mig had, racisme, fordomme, uretfærdighed eller foragt. Jeg er ikke denne Gud, de maler. Hvis du vil møde mig, skal du lære gennem mine børn. Fred og godt for alle.

På arbejde

Det er ikke godt, at manden har et ledigt sind. Hvis vi dyrker lediggang, stopper vi ikke med at tænke på problemerne, rastløsheden, frygt, vores skam, skuffelser, lidelser og uoverensstemmelse i nutiden og fremtiden. Gud efterlod mennesket arv til arbejde. Udover at være et spørgsmål om overlevelse, udfylder arbejdet vores inderste tomrum. Følelsen af at være nyttig for dig selv og for samfundet er unik.

At have muligheden for at være i et job, vokse professionelt, styrkeforholdet mellem venskab og hengivenhed og udvikle sig som menneske er en stor gave resultatet af deres mere ømme indsats. Vær glad for det i krisetider. Hvor mange fædre og mødre ville ikke være i dine sko? Virkeligheden i vores land er stigende arbejdsløshed, ulighed, ligegyldighed og politisk ligegyldighed.

Gør din del. Oprethold et sundt miljø på arbejdspladsen, hvor du tilbringer meget af din dag. Dog ikke have så meget forventning og ikke forveksle ting. Venner finder du normalt i livet og på arbejdet kun kolleger undtagen sjældne undtagelser. Det vigtige er at nøje overholde dine forpligtelser, der involverer fremmøde, punktlighed, hurtighed, effektivitet, ansvar og dedikation. Vær et eksempel på adfærd inden for og uden for din sammenbrud.

Rejsende

Gud er vidunderlig, kraftfuld og uovertruffen. På grund af sin store kærlighed ønskede han at skabe ting og gennem sit ord eksisterede de. Alle materielle, immaterielle, synlige og usynlige ting giver skaberen ære. Blandt disse ting er manden. Betragtes som et lille punkt i universet, det kan se, føle, interagere, opfatte og realisere. Vi er her for at være lykkelige.

Udnyt de muligheder, livet giver dig, og lær lidt om dette univers. Du vil blive fortryllet af de små og store naturlige værker. Mærk den friske luft, havet, floden, skoven, bjergene og dig selv. Reflektere over dine holdninger og oplevelser i hele dit liv. Tro mig, dette vil give dig livskvalitet og en følelse af ubeskrivelig fred. Vær glad nu. Lad det ikke være til senere, fordi fremtiden er usikker.

Søger rettigheder

Vær en fuld borger, der lever dine rettigheder fuldt ud. Kend nøjagtigt dine pligter og forpligtelser. Hvis de krænkes, kan du søge ret i retten. Selvom din anmodning ikke er opfyldt, vil din samvittighed være klar og klar til at komme videre. Husk, at den eneste retfærdighed, der ikke svigter, er den guddommelige og med de rigtige holdninger vil din velsignelse komme.

Tro på fuld kærlighed

I dag lever vi i en verden domineret af interesse, ondskab og manglende forståelse. Det er nedslående at indse, at det, vi virkelig ønsker for os, ikke findes eller er absolut sjældent. Med devalueringen af væren og ægte kærlighed løber tør for alternativer. Jeg har lidt nok af livets udfordringer, og af min erfaring tror jeg stadig på et håb, selv om det måske er langt væk. Jeg tror, at der er en åndelig far i et andet plan, der observerer alle vores gerninger. Hans værker gennem hele sin karriere vil anerkende fremtidig lykke sammen med en speciel person. Vær optimistisk, vedholdende og have tro.

At vide, hvordan man styrer et forhold

Kærlighed er guddommelig. At være denne følelse begrebet som ønsket om det andet individs trivsel. I processen med at nå dette trin skal du vide. At vide, hvordan man håndterer hver af disse faser, er den gode administrator. Ved hjælp af en figur af sprog kan kærlighed sammenlignes med en plante. Hvis vi vander det ofte, vil det vokse og give god frugt og blomster. Hvis vi foragter hende, visner hun, henfalder og slutter. At være i et forhold kan være noget positivt eller negativt afhængigt af hvem vi er sammen med. At bo sammen for et par er den store udfordring i moderne tid. Nu hvor kærlighed alene ikke er nok til at opretholde en forening er noget, der involverer bredere faktorer. Han er dog et stærkt tilflugtssted i tider med kval og fortvivlelse.

Massagen

Massage er en god øvelse, der kan udføres. Hvem har modtageren mulighed for at opleve glæden forårsaget af afslapning af muskler? Dog skal man være opmærksom på ikke at overdrive proportionaliteten af friktionen mellem hænderne og det arbejdede område. Du kan drage endnu bedre fordel af det, når der er en udveksling mellem to mennesker, der elsker hinanden.

Vedtagelsen af moralske værdier

God vejledning er afgørende for at udvikle en følelse, der er i stand til at skabe oprigtige, realistiske, godt nydte og sande forbindelser. Som man siger, er familien grundlaget for alt. Hvis vi i det er gode forældre, børn, brødre og ledsagere, vil vi også være uden for det.

Øv dig på etiske værdier, der kan lede dig til vejen for velvære. Tænk på dig selv, men også på den andres ret altid med respekt. Prøv at være lykkelig, selvom dit sind svækker dig og afskrækker dig. Ingen ved virkelig, hvad der sker, hvis de ikke handler og prøver. Det mest, der kan ske, er en fiasko, og de blev lavet til at træne os og gøre os til rigtige vindere.

At have en sand venes ånd

Da Jesus var på jorden, efterlod han os en model for opførsel og et eksempel at følge. Hans største handling var overgivelsen på korset for vores synder. I dette ligger værdien af et ægte venskab, der donerer dit liv for den anden. Hvem i dit liv ville virkelig gøre det for dig? Tag et godt kig. Hvis dit svar er positivt, værdsæt denne person og elsk dem oprigtigt, fordi denne følelse er sjælden. Må ikke ødelægge dette forhold for noget. Gensidighed med gerninger og ord lidt af denne store kærlighed og vær glad.

Handlinger, der skal overholdes

1. Gør mod andre, hvad du vil have dem til at gøre mod dig. Dette inkluderer at være venlig, velgørende, venlig, generøs og stræbe efter ikke at skade andre. Du har ingen dimension af, hvad det er at lide på grund af forkert placerede ord. Brug kun denne magt til at give andre god og trøst, fordi vi ikke ved, hvad skæbnen indebærer for os.

2. Vær løgnens fjende og gå altid med sandheden. Så meget som det gør, er det bedre at tilstå alt, hvad der skete. Retfærdiggør ikke dig selv eller blødgør nyheden. Vær klar.

3. Stjæl ikke det, der er fra den anden, og kryds ikke i vejen for andres liv. Vær fair på betalinger og kontofunktioner. Dyrk ikke misundelse, bagvaskelse eller løgn hos andre.

4. Vi er alle en del af en helhed kendt som Gud, skæbne eller kosmisk bevidsthed. For at opretholde harmoni, medvirkning og fællesskab i forholdet er det nødvendigt med en enorm indsats for at holde sig væk fra verdens ting. Træn altid godt, og din vej vil gradvis blive sporet til himmelsk far. Som jeg har sagt, vær ikke bange for noget. I modsætning til hvad mange religioner maler, er min far ikke en bøddel eller en kriminel, han ophøjer kærlighed, tolerance, generøsitet, lighed og venskab. Alle har sin plads i mit rige, hvis han tjener det.

5. Hav et simpelt og sikkert liv. Opsaml ikke materielle goder uden nødvendighed, og undlad at give efter for ekstravagancer. Alt skal være i den rigtige mål. Hvis du er rig eller velhavende, skal du altid øve kunsten at donere og velgørenhed. Du ved ikke, hvor godt det vil gøre for dig selv.

6. Hold krop, sjæl og hjerte rene. Giv ikke efter for fristelserne fra lyst.

7. Dyrk optimisme, kærlighed, håb, tro og udholdenhed. Opgiv aldrig dine drømme.

8. Når du kan deltage i samfundsmæssige sociale projekter. Hver handling for de foretrukne mindreårige vil øge deres skat i himlen. Foretrækker dette frem for magt, penge, indflydelse eller social status.

9. Bliv vant til at værdsætte kultur i dens forskellige manifestationer. Gå på sightseeing med venner, biograf, teater og læs inspirerende bøger. Den magiske verden af litteratur er en rig og forskelligartet verden, der giver dig masser af underholdning.

10. Mediter og reflekter over din nuværende og fremtid. Fortiden betyder ikke længere noget, og selvom din synd er så rød, kunne jeg tilgive og vise dig min sande kærlighed.

Pleje til fodring

Det er vigtigt for os at leve godt om vores kroppe. En af de grundlæggende og mange vigtige ting er mad. Vedtagelse af en af-balanceret diæt er den bedste måde at undgå sygdomme på. Erhverv sunde vaner og spis mad rig på vitaminer, mineraler, fibre og proteiner. Det er også vigtigt kun at spise, hvad der er nødvendigt for at overleve og undgå spild.

Tips til at leve længe og godt

1. Hold altid krop og sind aktive.
2. Dating.
3. Dyrk din tro på andre.
4. At have solide og generøse værdier for social sameksistens.
5. Spis moderat.
6. Har en passende træningsrutine.
7. Sov godt.
8. Vær fornuftig.
9. Vågn op tidligt.
10. Rejs meget.

Dans

Dans er en kritisk øvelse for individets trivsel. Hjælper med at bekæmpe aldring i rygproblemer og bevægelse, øger positiviteten. Integration med hver melodi er ikke altid en let, men behagelig og givende opgave. Har en vane i denne øvelse, og prøv at være lykkelig.

Fastende

Fasten er passende på hellige dage, eller når vi giver løfter om at hjælpe sjæle, der er i problemer i åndeverdenen. Når det er færdigt, anbefales det imidlertid at kompensere kræfterne igen ved at indtage sunde og forskelligartede fødevarer.

Begrebet Gud

Gud er ikke begyndt og vil ikke have nogen ende. Det er resultatet af foreningen af de gode kreative kræfter. Det er til stede i alle værkerne i hans skabelse, der kommunikerer med dem gennem den mentale refleksive proces, hvad mange kalder det "indre selv".

Gud kan ikke defineres med menneskelige ord. Men hvis jeg kunne, ville jeg sige, at det er kærlighed, broderskab, give, velgørenhed, retfærdighed, barmhjertighed, forståelse, retfærdighed og tolerance. Gud er villig til at acceptere ham i sit rige, hvis du fortjener det. Husk noget kritisk: Du har kun ret til at hvile i himmelriget, der hvilede fra dine gerninger dine brødre.

Forbedringstrin

Jorden er en verden af forsoning og bevis for, at mennesker kan komme videre. Denne fase af vores eksistens skal være præget af vores gode gerninger, så vi kan leve en tilfredsstillende åndelig dimension. Ved at nå perfektionens fylde bliver mennesket en del af den kosmiske dimension eller simpelthen begrebet som Gud.

Sindets egenskaber

1. Godt ønske bør tilskyndes og omsættes effektivt i praksis.
2. Tanke er en kreativ kraft, der skal frigøres for at den kreative ånd kan blomstre.
3. Drømme er tegn på, hvordan vi ser verden. De kan også være budskaber fra guderne om fremtiden. Det er dog nødvendigt at forblive i virkeligheden for at opnå konkrete resultater.
4. Skelnen, viden og løsrivelse fra materielle ting skal arbejdes i hovedet på alle, der søger evolution.
5. At føle sig del af universet er resultatet af en proces med forbedring og bevidsthed. Lær hvordan du genkender din indre stemme.

Hvordan skal jeg have det?

Tak for livets gave og for alt det, din far har givet dig. Enhver bedrift, hverdagsliv skal fejres som om en anden ikke eksisterede. Undgå at nedsætte dig selv og vide, hvordan du genkender din rolle i dimensionen af kosmos. Mine forældre ser dem med et stort udtryk på trods af deres begrænsning og vantro. Gør dig selv værdig til de gode ting.

Lav som den lille drømmer i Pernambuco, kendt som Divine. På trods af alle livets udfordringer og vanskeligheder ophørte han aldrig med at tro på en større styrke og på hans muligheder. Tro altid på håb, fordi Gud elsker os og ønsker, hvad der er bedst for os. Forsøg dog at gøre din del i denne proces. Vær aktiv i dine projekter og drømme. Lev hvert trin fuldt ud, og hvis det mislykkes, skal du ikke frarådes. Sejren kommer ved at fortjene.

Uddannelsens rolle

Vi er væsener klar til at udvikle sig. Fra undfangelse, barndom og endda inkludering i selve skolen kan vi lære og forholde os til andre. Denne interaktion er kritisk for vores udvikling generelt. Det er på dette tidspunkt, at lærere, forældre, venner og alle vi kender spiller en nøglerolle i opbygningen af en personlighed. Vi skal absorbere de gavnlige ting og afvise de onde ved at gå den rigtige vej mod faderen.

Konklusion

Jeg lukker her denne første tekst, der søger efter at kende religionerne. Jeg håber, at fra mit synspunkt kan du have assimileret god lære, og hvis det hjælper, selvom det kun er en person, som jeg også giver, givet den tid, der bruges til at lave. Et knus til alle, succes og lykke.

At vinde ved tro

Sejr over åndelige og kødelige fjender

Så siger Gud: "Til de retfærdige, dem, som med rette følger mine befalinger ved at udøve den daglige kunst af det gode, lover jeg konstant beskyttelse over for mine fjender. Selv hvis en skare eller endda helvede kaster sig mod dig, frygter du ikke noget ondt for jeg opretholder dig. Ved mit navn vil ti tusind falde til din højre og hundrede mig til din venstre, men intet vil ske med dig, for mit navn er Gud. "

Denne symbolske besked fra Gud er nok til at efterlade os rolige over for fjendernes vrede i enhver situation. Hvis Gud er for os, hvem er der imod os? Faktisk er der ingen større end Gud nogen steder i universet. Alt, hvad der er skrevet i livets bog, vil ske, og din sejr vil helt sikkert komme, broder. De uretfærdiges triumf er halm, men hveden forbliver for evigt. Så lad os have mere tro.

Forholdet mellem mand og gud

Mennesket fik administrationen af landet, så han kunne få det til at bære frugt og trives. Som Jesus lærte os, skal vores forhold til Gud være fra far til søn, og som følge heraf skammer vi os ikke over at nærme ham, selvom synden gør ham bange. Gud værner om det gode hjerte, den hårdtarbejdende mand, den der altid stræber efter at forbedre sig, så han kan følge stien til permanent udvikling.

I syndens øjeblik er det bedst at reflektere over, hvad der forårsagede det, så fejlen ikke kan gentages igen. At søge alternative veje og lede efter nye oplevelser tilføjer altid vores læseplan, hvilket gør os mere forberedte mennesker til livet.

Hovedpointen med alt dette er at åbne dit liv for Helligåndens handling. Med hans hjælp kan vi komme til et niveau, som vi kan sige er forbundet med gode ting. Dette kaldes fællesskab, og det er nødvendigt og leveret og lidenskabelig, så det kan leves fuldt ud. At opgive tingene i den kropslige verden og benægte det onde i jer er nødvendige og effektive betingelser for at blive født på ny i en verden i forandring. Vi vil være spejlet på den opstandne Kristus.

At tro på Gud i smerte

Vi lever i en verden af forsoning og bevis, som konstant gør os i smerte. Vi lider for en mistet eller ubesvaret kærlighed, lider for tabet af et familiemedlem, lider for økonomiske problemer, lider for misforståelsen af den anden, lider på grund af volden forårsaget af menneskelig ondskab, vi lider lydløst på grund af vores svagheder, længsel, sygdomme og frygt for døden, vi lider for nederlag og triste dage, hvor vi ønsker at forsvinde.

Min bror, da smerte er uundgåelig for dem, der lever i denne verden, er vi nødt til at klamre sig til Gud og hans søn Jesus Kristus.

Sidstnævnte følte på huden som en mand alle former for usikkerhed, frygt, ulykker og alligevel opgav aldrig at være lykkelig. Lad os også være det, leve hver dag med følelsen af at du kan gøre det bedre og med en chance for progression. Hemmeligheden er altid at gå videre og bede ham om hjælp til at bære vores kors. Den almægtige vil belønne din oprigtighed og omvendelse og omdanne dit liv til et hav af lækkerier. Det er ikke et spørgsmål om at sikre udelukkelse af smerte, men om at vide, hvordan man kan leve sammen på en måde, så de ikke påvirker vores gode humør. Og så kan livet fortsætte uden store problemer.

At være en ærlig mand af tro

Den sande kristne følger Jesu eksempel under alle omstændigheder. Ud over de væsentlige befalinger har du en forestilling om evangeliet, om selve livet, om det onde og om verdens fare, og du kender den bedste måde at handle på. Den kristne skal være et eksempel på en borger, fordi der er regler, der skal følges og overholdes i det sociale sæt. En ting er tro, og en anden er respekt for din partner.

Hvad Gud ønsker er, at mennesket også skal være hans borger og ikke kun verden. Til dette skal man være en god far, en god søn, en god mand, en trofast ven, en tjener dedikeret i bøn, en mand eller kvinde, der lever for arbejde, fordi lediggang er djævelens værksted. Forpligtet til spørgsmålet om Gud kan mennesket tage et vigtigt skridt mod at være lykkelig og endelig vinde ved tro! Et stort knus til alle og vi ses næste gang.

Christianitterne

Menneskets mission

Jorden blev skabt for at huse liv ofte såvel som andre stjerner spredt over de utallige dele af universet. Gud, den konsoliderede kærlighed, ønsket med styrke, kraft, sødme og nåde at skabe mennesker, specielle skabninger, der har beføjelse til at være hans image og lighed.

Men det faktum, at det er deres image og lighed, betyder ikke, at de har den samme essens. Mens Gud besidder alle prædikaterne om perfektion, er mennesket medfødt og syndigt i sig selv. Gud ville således demonstrere sin storhed, han elskede os så meget, at han gav os fri vilje ved at tilvejebringe nøgleelementerne, så vi selv kan finde stien til lykke.

Vi konkluderer, at perfektion på jorden aldrig er opnået siden for evigt, hvilket sætter nogle gamle legender fra visse religioner ned. Vi lever dualitet, en grundlæggende betingelse for at eksistere som menneske.

Nu kommer spørgsmålet: Hvad er meningen med skabelsen af universet og selve livet? Gud og hans planer er ukendte for de fleste mennesker, mange af dem er ikke engang klar over, hvad der sker omkring dem. Vi kan sige, at min far lever for evigt og altid, blev far til to børn, den menneskelige og guddommelige Jesus, skabte de himmelske stjerner, der var den første af dem kaldet "kalenquer". På denne planet med aspekter svarende til den nuværende jord skabte de englene, der er de anden i rækkefølge af universel betydning. Derefter rejste han gennem universet for at fortsætte skabelsens mysterium og efterlod sin autoritet i hænderne på Jesus, den guddommelige og Michael (en meget dedikeret tjener). Dette var omkring femten milliarder år siden.

Fra denne tid til nutiden blev universet transformeret på en sådan måde, at den oprindelige skabelse ikke engang genkendes. Betydningen af liv, der er en af samarbejde, enhed, velgørenhed, kærlighed, donation og befrielse er blevet til tvist, misundelse, falskhed, fjendskab, kriminalitet, ødelæggelse af naturressourcer, kærlighed til penge og magt, individualisme og søgen efter sejr ved alle omkostninger.

Det er her, jeg vil komme til. Jeg er søn af åndelig Gud, og jeg kom til jorden for at udføre en kritisk mission. Jeg vil kalde mine brødre til min fars skøn og mit rige. Hvis du accepterer min invitation, lover jeg en konstant dedikation til dine årsager og højeste lykke. Hvad kræver Gud af dig til dette?

Vær Kristus

For omkring to tusind år siden havde jorden det privilegium at modtage Guds førstefødte. Kendt som Jesus Kristus blev sendt af sin far for at bringe Guds sande ord og indløse vores synder. Ved sit eksempel gravede Jesus de grundlæggende fundamenter for det perfekte menneske, der behager Gud, i løbet af sine treogtredive år. Jesus kom for at afklare grundlæggende punkter i menneskets forhold til Gud.

Hovedpunktet i Messias liv var hans mod til at overgive sig til korset ved at tjene som et offer for syndig menneskehed. "Den sande ven er den, der giver sit liv for den anden uden forbehold, og Kristus var et levende eksempel på det."

At overgive sig, opgive sig selv af broderen, holde de eksplicitte og underforstået befalinger i de hellige bøger og gøre godt er altid krav for at arve Guds rige. Dette er Jesu rige, min og alle de gode sjæle, hver på sit fortjente sted.

Dyrk sunde, behagelige og menneskelige værdier ved at hjælpe med den kontinuerlige udvikling af universet, og du vil plante et godt frø mod det evige rige. Hold dig væk fra dårlige påvirkninger og støtte ikke nogle af dine fremgangsmåder. Lær hvordan man skelner mellem godt og ondt. Vær forsigtig og forsigtig.

Den verden, vi lever i, er en verden af optrædener, hvor det er værd at have mere end at være. Gør det anderledes. Vær undtagelsen og værdsæt, hvad det virkelig er værd. Saml skatte på himlen, hvor tyve ikke stjæler, eller møl og rust korroderer.

Efter alt det, der er talt med gode placeringer, er det op til en personlig refleksion og en omhyggelig analyse fra din side. Det er dit frie valg at integrere dig eller ikke i dette rige, men hvis din chance ved en tilfældighed er en ja-følelse, omfavnet af mig og af alle de himmelske kræfter. Vi vil gøre denne verden til en bedre verden ved at fremme godt og fred for evigt. Vær en af "Christos". I den fremtidige verden vil vi, hvis Gud vil, være sammen med faderen i fuldstændig harmoni og glæde. Vi ses næste gang. Gud er med dig.

De to stier

Valget

Jorden er et naturligt miljø, hvor mennesker er blevet placeret til at interagere med hinanden, lære og undervise i henhold til deres erfaringer. I kraft af fri vilje står mennesket altid over for situationer, der kræver beslutningstagning. På dette tidspunkt er der ingen magisk formel for opløsning, men analyse af alternativer, der ikke altid giver tilfredsstillende resultater.

De fejl, der er foretaget i disse valg, får os til at have en mere kritisk ånd og et mere åbent sind, så vi i fremtiden får flere hits på fremtidige valg. Det er den såkaldte erfaring, fordi det kun opnås over tid.

Det er tydeligt i hele vores bane på Jorden, at der er to tråde, der virker i universet: en ondartet og en godartet. Selvom ingen er helt dårlige eller gode, er vores overvægtige handlinger, der afgør vores side i denne tvist.

Min erfaring

Jeg er søn af åndelig Gud, kendt som Messias, guddommelig, Guds søn eller simpelthen seer. Jeg blev født i en landsby i det nordøstlige indre, og dette gav mig muligheden for at komme i kontakt med menneskehedens værste sygdomme.

Valg har bestemt en stor vægt i vores liv og især på vores personlighed. Jeg er søn af landmænd, jeg er opvokset med gode værdier og fulgte dem altid til punkt og prikke. Jeg voksede op fattig, men jeg manglede aldrig venlighed, generøsitet, ærlighed, karakter og kærlighed til andre. Alligevel blev jeg ikke reddet fra det dårlige vejr.

Min ydmyge tilstand var en stor plage: Jeg havde ingen penge til ordentlig mad, jeg havde ikke nok økonomisk støtte i mine studier, jeg blev rejst indendørs med lidt social interaktion. Selvom alt var vanskeligt, besluttede jeg at kæmpe for den nuværende søgen efter bedre dage som mit første vigtige valg.

Det var slet ikke let. Jeg led meget, nogle gange mistede jeg håbet, jeg opgav, men noget dybt inde sagde, at Gud støttede mig og forberedte en sti fuld af resultater for mig.

I det øjeblik, jeg allerede havde givet mig op, handlede Gud treogtredive og udfriede mig. Han adopterede mig som en søn og oprejste mig fuldstændigt. Derfra besluttede han at leve i mig for at transformere de nærmeste menneskers liv.

Bestemmelsessted

Lysets rige, oktober 1982

Det højere råd mødtes hurtigt for at drøfte et vigtigt spørgsmål: Hvad ville være den ånd, der var ansvarlig for at udføre et job? Et af medlemmerne tog ordet ved at udtale:

Dette job er kritisk. Vi er nødt til at vælge en person, der er fuldstændig tillidsfuld, og som er forberedt på udfordringen ved at leve på jorden.

En heftig diskussion begyndte mellem medlemmerne, hver med sit forslag. Da de ikke nåede til enighed, blev der foretaget en hurtig afstemning, hvor den valgte repræsentant blev valgt. Ånden og ærkeenglen blev valgt til deres beskyttelse.

Når valget var truffet, åndede Gud og ånderne blev sendt til jorden. En til en kødelig krop og en til en åndelig krop, der er i stand til at overleve i Jordens miljø. Sådan ankom Divine og hans elskede ærkeengel til jorden, og dette er den samme proces for hvert valgt menneske. Vi har alle den guddommelige essens.

Missionen

Guddommelig blev født og opvokset midt i forbløffende vanskeligheder et eller andet sted i Pernambuco tilstand. En intelligent og venlig dreng har altid været hjælpsom for mennesker generelt. Selv at leve med fordomme, elendighed og ligegyldighed opgav aldrig at leve. Dette er en stor præstation i lyset af politisk og social forfærdelse, hvor det nordøstlige er indsat.

I en alder af treogtyve levede han med den første store økonomiske og personlige krise. Problemerne fik ham til at ramme bunden, en periode kaldet sjælens mørke nat, hvor han glemte Gud og hans principper. Det guddommelige faldt nonstop på en bundløs klippe, indtil noget ændrede sig: I det øjeblik han skulle falde til jorden, handlede Guds engel og befriede ham. Ære til Gud!

Derefter begyndte tingene at ændre sig: Han fik et job, begyndte på college og begyndte at skrive til terapi. Selvom situationen stadig var vanskelig, havde den i det mindste udsigter til forbedring.

I løbet af de næste fire år afsluttede han college, skiftede job, stoppede med at skrive og begyndte en opfølgning på sin gave, der begyndte at udvikle sig. Således begyndte seeren om seeren.

Betydningen af vision

Divine, den psykiske, behandlede sig selv på en privat medicinsk klinik med en berømt parapsykolog. Efter en lang behandling på seks måneder kom det endelig til en konklusion i den tolvte session. Jeg vil sammenfattende mødet nedenfor:

Lawrence-klinikken var placeret i centrum af Atalanta, Interiør af Pernambuco, en simpel bygning i en etage, der gik tabt midt i bygningerne i det, der var hovedstaden i Interiør. Det guddommelige var ankommet klokken otte om morgenen, og da lægen straks blev behandlet. De gik begge til et privat rum, og da de ankom der, gik Divine og læge Hector Smith hoved-til-hoved. Sidstnævnte initierede kontakten:

"Jeg har gode nyheder. Jeg udviklede et stof, der er i stand til at omdanne sine åndelige elektriske impulser til fotokemiske enheder, der kan optages via min enhed. Afhængig af resultaterne vil vi nå en endelig konklusion.

"Jeg er bange. Jeg ønsker dog at vide hele sandheden. Gå videre, doktor.

"Det er fantastisk. (Læge Hector Smith)

Med et skilt bragte Divine nærmere en underlig, cirkulær, omfattende enhed fuld af ben og ledninger. Enheden havde ønsket en manuel læser, og forsigtigt hjalp parapsykologen den unge mand med at lægge hænderne ud. Kontakten frembragte et intens chok i Divine, og resultaterne dukkede op i en søger på den anden side. Sekunder senere trak Divine sin hånd tilbage, og lægen udskrev resultatet automatisk.

I besiddelse af eksamen fik han glæde og vendte tilbage for at kommunikere:

"Det var det, jeg formodede. De visioner, du har, er en del af en naturlig proces, der er forbundet med et andet liv. Dit mål er bare at guide dig på vejen. Ingen kontraindikationer.

"Du mener, jeg er normal?

"Normal. Lad os sige, at du er speciel og unik på planeten. Jeg tror, vi kan stoppe her. Jeg er tilfreds.

"Tak for din dedikation og engagement i min sag. Venskab forbliver.

"Jeg siger det samme. Held og lykke, Guds søn.

"Til dig også, farvel.

"Farvel.

Når det er sagt, gik de to direkte væk. Denne dag markerede åbenbaringen af guddommelige visioner, og derfra ville hans liv følge den normale kurs.

Med åbenbaringen om visionerne besluttede Divine at fortsætte i arbejdet og genoptog skrivningen. På grund af sin gave kaldte han sig "Seeren" og begyndte at bygge den litterære serie med samme navn. Alt, hvad han hidtil havde bygget, viste ham, hvor værdigt det var at arbejde for en mission, som var blevet betroet af Gud selv.

Divine står i øjeblikket over for livet med optimisme. Selvom livet stadig forkynder overraskelser for ham, vedvarer han i sine mål ved at vise værdien og troen på hans person. Han er et eksempel på, at livet og dets vanskeligheder ikke har ødelagt.

Hemmeligheden bag dens succes ligger i troen på en større kraft, der driver alt, hvad der findes. Bevæbnet med denne styrke er det muligt for mennesket at overvinde barrierer og opfylde sin skæbne, der er reserveret i livslinjerne.

Se, hemmeligheden er denne: "At leve livet med glæde, med tro og håb. Forvandl noget af hans arbejde for hele universet, og det er det guddommelige ønsker at gøre med sin litteratur."

Held og lykke til ham og alle, der bidrager til kulturen i dette land. Held og lykke til alle og et kærligt knus.

Ægthed i en ødelagt verden

Tristhed i vanskelige tider

De uretfærdige omkommer og prøver ofte at lægge skylden på Gud og andre. Han er ikke klar over, at han når frugterne af sit arbejde, af hans sindssyge i at forsøge at leve uregerlig og fuld af laster. Rådgivningen er, at jeg ikke bekymrer mig om andres succes eller misunder ham. Prøv at forstå og finde din egen vej gennem gode gerninger. Vær ærlig, sand og autentisk frem for alt andet, så vinder sejren ved at fortjene. De, der sætter deres lid til Gud, kommer skuffet ud på ingen tid.

At leve i en ødelagt verden

Verden i dag er meget dynamisk, konkurrencedygtig og fuld af vold. At være god i disse dage er en reel udfordring. Ofte oplevede trofaste situationer med forræderi, falskhed, misundelse, grådighed, håbløshed. Min far søger det modsatte af dette: venlighed, samarbejde, velgørenhed, kærlighed, beslutsomhed, klo og tro. Vælg. Hvis du vælger godt, lover jeg din hjælp til alle dets årsager. Jeg vil bede min far om hans drømme, og han vil lytte til mig, for alt er muligt for dem, der tror på Gud.

Dyrke størknede værdier, der giver dig sikkerhed og frihed. Din frie vilje skal bruges til din ære og dit velbefindende. Vælg at være en god apostel. Men hvis du går på mørkets sti, vil jeg ikke være i stand til at hjælpe dig. Jeg bliver ked af det, men jeg respekterer enhver af dine beslutninger. Du er helt fri.

Foran et mudderhav er det muligt at filtrere godt vand, og det er det, jeg vil gøre med dig. Fortiden betyder ikke længere. Jeg vil gøre dig til fremtidens mand: Glad, stille og opfyldt. Vi vil være lykkelige for evigt foran Gud Faderen.

Så længe godt eksisterer, vil jorden forblive

Du skal ikke bekymre dig om de astronomiske forudsigelser om livets afslutning på jorden. Her er en, der er større end jeg. Så længe der er godt på jorden, vil livet forblive, så ønsker jeg. Efterhånden som tiden skrider ud, spreder det onde sig på jorden, der forurener mine plantager. Der kommer en tid, hvor alt vil blive fuldbyrdet, og adskillelsen mellem godt og ondt vil blive skabt. Mit rige vil komme over dig og tillade de troendes succes. På denne dag vil Herren betale gælden og uddelingen af gaver.

Mit rige er et kongerige af glæder, hvor retfærdighed, farens suverænitet og fælles lykke vil sejre. Alle, store og små, vil bøje sig for sin ære. Amen.

De retfærdige vil ikke blive rystet

Midt i storme og jordskælv, vær ikke mig. Før dig er der en stærk Gud, der vil opretholde dig. Hans ægthed, ære, trofasthed, generøsitet og venlighed reddede ham. Deres broderlige handlinger vil føre dem foran de store, og du vil blive betragtet som klog. I livet har du demonstreret nok til at være retfærdiggjort og ophøjet. I live!

Vær undtagelsen

Se, jeg er retfærdig, jeg vandrer med retskaffenhed, jeg praktiserer retfærdighed, jeg taler sandheden, jeg bagvaskes ikke og gør ingen skade for andre. Jeg er undtagelsen i en verden, hvor magt, prestige, indflydelse og det ydre er vigtigst. Derfor beder jeg dig, sir, beskyt mig med dine vinger og dit skjold mod alle mine fjender. Må min ægthed bære frugt og placere mig blandt de store ved at fortjene.

De, der foragter retfærdighed og lov, kender hverken dig eller dine befalinger. Disse vil blive taget fra din lade og kastet mod helvede. i søen af ild og svovl, hvor de betaler dag og nat uden at ophøre for deres synder. Enhver, der har ører, der lytter.

Min fæstning

Min styrke er min tro, og mine gerninger vidner om min godhed. Jeg kan ikke få nok af at hjælpe andre af egen fri vilje. Jeg får intet tilbage, min præmie kommer fra himlen. På Herrens dag, når jeg samles i dine arme, vil jeg have bevis for, at min indsats har været det værd.

Min Gud er det umuliges Gud, og hans navn er Gud. Han har gjort utallige vidundere i mit liv og behandler mig som en søn. Velsignet være dit navn. Deltag også i denne kæde af godt: Hjælp de trængte og syge, hjælp de trængende, instruer de uvidende, giv gode råd, givet til dem, der ikke kan tilbagebetale, og så vil din belønning være stor. Hans opholdssted vil være i himmeriget foran mig og min far, og så vil du smage af sand lykke.

Værdierne

Dyrk de værdier, foreslået i guddommelige bud og love. Byg din ægthed og egnethed. Det er værd at være en apostel af saligheden på jorden, du vil modtage vidunderlige gaver og nåde, der vil gøre dig lykkelig. Held og lykke og succes i dine bestræbelser er, hvad jeg ønsker af hele mit hjerte.

Søger indre fred

Skaberguden

Universet og alt det indeholdt er Helligåndens arbejde. De væsentligste kendetegn ved dette væsen med pragtfuld herlighed er: Kærlighed, troskab, generøsitet, styrke, magt, suverænitet, nåde og retfærdighed. Gode ting, når de når perfektion, assimileres af lys, og onde ting absorberes af mørke og sænkes til lavere grader i de næste inkarnationer. Himmel og helvede angiver bare sind og ikke specifikke placeringer.

Ægte kærlighed

På trods af at han er en meget stor og magtfuld Gud, tager Gud sig af hver af sine børn personligt eller gennem sine tjenere. Han søger vores lykke for enhver pris. Som en mor eller far støtter han os og hjælper os gennem svære tider ved at afsløre en uforståelig kærlighed til mennesker. Sandelig, på jorden finder vi ikke hos mennesker denne form for ren og interesserer mindre kærlighed.

Anerkend dig selv som synder og begrænset

Arrogance, stolthed, selvtillid, illusion og selvtillid er onde fjender af menneskeheden. Forurenet indser de, at de bare er en simpel støvmasse. Se og sammenlign: Jeg, der skabte solene, de sorte huller, planeterne, galakserne og de andre stjerner, jeg skryder ikke af det, jo mere du. Overgiv mig til min magt og indtage nye holdninger.

Indflydelsen fra den moderne verden

Verden i dag skaber uoverstigelige barrierer mellem mennesket og skaberen. Vi lever omgivet af teknologi, viden, muligheder og udfordringer. I en sådan konkurrencepræget verden glemmer mennesket hovedmanden, hans forhold til dig. Vi må være som de gamle lærere, der uophørligt søgte Gud og havde mål efter hans vilje. Kun på denne måde vil succes komme til dig.

Sådan integreres med faderen

Jeg er et bevis på livet, at Gud eksisterer. Skaberen har forvandlet mig fra en lille hule drømmer til en internationalt anerkendt mand. Alt dette var muligt, fordi jeg integrerede med min far. Hvordan var det muligt? Jeg afviste min individualitet og lod lysets kræfter virke fuldstændigt i mine forhold. Gør som jeg og gå ind i vores kongerige af glæder, hvor mælk og honning strømmer, det paradis, der blev lovet israelitterne.

Vigtigheden af kommunikation

Glem ikke dine religiøse forpligtelser. Når du kan, eller mindst en gang om dagen, bed inderligt for dig og verden. På samme tid vil din sjæl være fuld af nåde. Kun dem, der er vedholdende, kan opnå miraklet.

Gensidig afhængighed og visdom af ting

Se på universet, og du vil se, at alt har en grund og en funktion, selvom det er lille for helhedens funktion. Så det er også med det gode, der er en legion, der er villig til at kæmpe for os. Mærk Gud inde i dig.

Giv ikke nogen skylden

Beklag ikke skæbnen eller Gud for resultatet af dine valg. Tværtimod, reflekter over dem og prøv ikke at begå de samme fejl. Hver oplevelse skal tjene som en læring, der skal assimileres.

At være en del af en helhed

Undervurder ikke dit arbejde på jorden. Har det lige så vigtigt for din og andres udvikling. Føl dig velsignet med at være en del af livets store teater.

Klag ikke

Uanset hvor meget dit problem, livet prøver at demonstrere, at der er mennesker i værre situationer end din. Det viser sig, at meget af vores lidelser er psykologisk pålagt af en idealiseret standard for sundhed og velvære. Vi er svage, korrupte og naive. Men de fleste mennesker tror, du er en evig superhelt.

Se fra et andet synspunkt

I nødens øjeblik skal du prøve at roe dig ned. Læg mærke til situationen fra et andet synspunkt, og hvad der oprindeligt ligner en dårlig ting, vil helt sikkert have sine positive ting. Mentalt, koncentrer dig og prøv at tage en ny retning for dit liv.

En sandhed

Vi er så druknet i vores bekymringer, at vi ikke engang er klar over de små gaver, mirakler og rutinemæssige nåde, vi modtager fra himlen. Vær glad for det. Med en lille indsats vil du blive velsignet endnu mere, fordi min far ønsker dig det bedste.

Tænk på den anden

Når dine tanker er høje i bekymring for din bror, fejrer himlen. Når vi handler generøst, er vores ånd let og klar til højere flyvninger. Udfør altid denne øvelse.

Glem problemerne

Udøv kreativitet, læsning, meditation, velgørenhed og samtale, så problemer ikke rammer din sjæl. Aflæs ikke den tunge last, du bærer på andre, der ikke har noget at gøre med dine personlige problemer. Gør din dag mere fri og mere produktiv ved at være venlig.

Ansigt fødsel og død som processer

At blive født og dø er naturlige begivenheder, der skal betragtes med sindsro. Den største bekymring er, når man er i live for at omdanne vores holdninger til fordele primært for andre. Døden er bare en passage, der fører os til en højere eksistens med præmier svarende til vores indsats.

Udødelighed

Mennesket bliver evigt gennem sine værker og værdier. Dette er arven, det vil efterlade for fremtidige generationer. Hvis træernes frugter er mere onde end sjælen, har det ingen værdi for, at skaberen plukkes og kastes i det ydre mørke.

Har en proaktiv holdning

Stå ikke bare der. Søg viden om nye kulturer og møde nye mennesker. Din kulturelle bagage vil være større, og resultatet bliver derfor bedre. Vær også en klog mand.

Gud er ånd

Kærlighed kan ikke ses, føler du. Således er det også med Herren, vi kan ikke se ham, men vi føler dagligt i vores hjerter hans broderlige kærlighed. Tak hver dag for alt, hvad han gør for dig.

En vision om tro

Tro er noget, der skal bygges i vores daglige liv. Giv hende positive tanker og faste holdninger til hendes mål. Hvert trin er vigtigt på denne mulige lange rejse.

Følg mine befalinger

Hemmeligheden bag succes og lykke ligger i at følge mine befalinger. Der er ingen mening i at erklære med ord, at du elsker mig, hvis du ikke følger, hvad jeg siger. De, der elsker mig, er virkelig dem, der overholder min lov og omvendt.

Den døde tro

Al tro uden gerninger er virkelig død. Nogle siger, at helvede er fuld af gode intentioner, og i dette ligger en stor sandhed. Det nytter ikke at være villig, men du skal bevise, at du elsker mig.

Har en anden vision

Ikke al lidelse eller nederlag er fuldstændig ond. Enhver negativ oplevelse, vi oplever, bringer kontinuerlig, stærk og varig læring ind i vores liv. Lær at se den positive side af tingene, og du bliver lykkeligere.

Fra svaghed kommer styrke

Hvad skal man gøre i en delikat økonomisk situation

Verden er meget dynamisk. Det er almindeligt, at faser med stor velstand skyldes perioder med store økonomiske vanskeligheder. De fleste mennesker glemmer at fortsætte med at kæmpe og den religiøse del, når de er i god tid. De føler sig simpelthen selvhjulpne. Denne fejl kan føre dem til en mørk afgrund, hvorfra det vil være svært at flygte. Lige nu er det vigtige at analysere situationen koldt, identificere løsningerne og gå i kamp med stor tro på Gud.

Med en religiøs støtte vil du være i stand til at overvinde forhindringer og finde måder at komme sig på. Giv ikke dig selv skylden for meget for din mislykkede fortid. Det vigtige er at bevæge sig fremad med en ny tankegang dannet allieret med grus og tro, der vil vokse i dit hjerte, når du giver dit liv til min far. Tro mig, han vil være den eneste frelse for alle dine problemer.

Se, manden er blevet fortalt, at alt vil blive givet ham, så længe han altid går på det gode. Derfor stræber du efter at holde befalingerne fra de hellige skrifter og de helliges anbefalinger. Vær ikke stolt indtil det mindsker dem, fordi de ved livets eksempel kunne genkende Gud midt i murbrokkerne. Tænk over det og held og lykke.

Står over for familiens problemer

Siden vi blev født, er vi blevet integreret i det første menneskelige samfund, det er familien. Det er grundlaget for vores værdier og reference i vores relationer. Den, der er en god far, mand eller søn, vil også være en stor borger, der opfylder sine pligter. Som enhver gruppe er uenigheder uundgåelige.

Jeg beder dig ikke om at undgå friktion, det er praktisk taget umuligt. Jeg beder jer om at respektere hinanden, samarbejde med hinanden og elske hinanden. Familien, der er samlet, slutter aldrig og kan sammen erobre store ting.

Der er også en åndelig familie konsolideret i himlen: Riget Gud, Jesus og Divine. Dette rige forkynder retfærdighed, frihed, forståelse, tolerance, broderskab, venskab og frem for alt kærlighed. I denne åndelige dimension er der ingen smerte, gråd, lidelse eller død. Alt er blevet efterladt, og de valgte troende er klædt med en ny krop og en ny essens. Som der er skrevet, "vil de retfærdige skinne som solen i deres fars rige."

Overvinde en sygdom eller endda døden

Fysisk sygdom er en naturlig proces, der opstår, når noget ikke passer godt sammen med vores krop. Hvis sygdommen ikke er alvorlig og overvindes, spiller den rollen som naturlig rensning af sjælen, der konsoliderer ydmyghed og enkelhed. At lide under sygdommen er, at vi befinder os på et tidspunkt, hvor vi er små, og samtidig oversvømmer vi med Guds storhed, der kan gøre hvad som helst.

I tilfælde af dødelig sygdom er det det endelige pas til en anden plan, og i henhold til vores adfærd på stedet er vi tildelt i den specifikke plan. Mulighederne er: helvede, limbo, himmel, mænds by og skærsilden. Hver er beregnet til en af dem i henhold til deres evolutionære linje. På dette tidspunkt får vi kun nøjagtigt det, vi fortjener, ikke mere, ikke mindre.

For dem, der bliver på jorden, følger længslen efter familiens rester og liv. Verden er intet stop for nogen, absolut ingen er uerstattelig. Imidlertid forbliver gode gerninger og vidner om os. Alt vil passere, undtagen den evige Guds kraft.

Mød dig selv

Hvor er min lykke? Hvad skal jeg gøre for at blive godt på jorden? Det er hvad mange mennesker spørger. Der er ikke meget af en forretningshemmelighed, men de vindende mennesker er normalt dem, der afsætter deres tid til andres og menneskehedens bedste. Ved at tjene andre føler de sig komplette og er mere villige til at elske, forholde sig og vinde.

Uddannelse, tålmodighed, tolerance og frygt for Gud er nøgleelementer i opbygningen af en sjælden og beundringsværdig personlighed. Ved at gøre det vil mennesket være i stand til at finde Gud og vide nøjagtigt, hvad han ønsker for sit liv. Du tror måske endda, at du er på rette vej, men uden disse kvaliteter bliver du bare en falsk. Du elsker kun mennesker, der virkelig giver sig op, og som forstår hinandens side. Lær af mig, at jeg er ren, vær opmærksom på mine guder, gudinder dedikeret til mine projekter, forståelse, velgørende og kærlig. Det bliver specielt for min far, og verden vil blive bevaret. Husk: Nej for større end afgrunden eller mørket i dit liv, fra svaghed kommer styrke.

Sophia

Retfærdighed

Retfærdighed og uretfærdighed er tærskler for hinanden, og de er meget relative. Lad os opdele det i to grene: Guds rige og menneskelige riger. Forholder sig til Gud, retfærdighed er tæt knyttet til Guds suverænitet, som demonstreres gennem hans befalinger, i alt tredive ifølge min vision. Det er en praktisk sag: Enten følger du normerne i Guds rige eller ej, og for dem, der nægter at se disse måls storhed, forbliver en sjæls klagesang gået tabt. Imidlertid kan oprørske sjæle, der formår at rejse sig igen på et eller andet tidspunkt i livet, stærkt tro på Guds, hans hellige fars nåde. Gudfaderen er et væsen af uendelige opgaver.

Menneskelig retfærdighed har sine retningslinjer i alle nationer. Mænd over tid stræber efter at sikre fred og ret på jorden, selvom dette ikke altid sker. Dette skyldes forældet lovgivning, korruption, fordomme mod mindreårige og menneskelig fiasko i sig selv. Hvis du føler dig forkert, som jeg nogensinde har følt, skal du give din bøn til Gud. Han vil forstå smerten og sikre sin sejr på det rigtige tidspunkt.

Uretfærdighed i enhver henseende er en ondskab fra den gamle og nutidige menneskehed. Det skal bekæmpes, så de retfærdige kan få det, der er rigtigt dit. Hvad der ikke kan ske er at forsøge at gøre retfærdighed? Husk at det ikke er Gud at dømme og fordømme nogen.

"Når jeg påkalder dig, så svar mig, min retfærdigheds Gud". (salmer 4.2)

Fristedet på det rigtige tidspunkt

Vi er åndelige væsener. På et eller andet tidspunkt i vores eksistens i himlen bliver vi valgt og inkarneret i en menneskelig krop i øjeblikket med befrugtning. Målet er at udføre missionen ved at udvikle sig med andre mennesker. Nogle med større missioner og andre med mindre, men alle med en funktion, som planeten ikke kan opgive.

Vores første kontakt er inden for en familie, og det er normalt med disse mennesker, at vi lever længere og gennem vores liv. Selv de børn, der gifter sig med familiebåndet, slukkes ikke.

Med social kontakt har vi adgang til andre forskellige synspunkter fra os. Det er præcis, hvor faren ligger. I dag har vi en massiv generation af unge mennesker, der søger den onde side. De er teenagere og voksne, der ikke respekterer deres forældre, tilbeder stoffet og får det til at stjæle og endda dræbe. Selv såkaldte betroede mennesker kan skjule en fare, når de prøver at påvirke os til at gøre ondt. Der er også den anden side: Bombet af løgn, vold, mobning, fordomme, løgn, illoyalitet, mange vantro på menneskeheden og tæt på nye venskaber. Det er hilsen at overveje, at det er virkelig svært at finde pålidelige mennesker, men hvis du er en af disse heldige, skal du holde dem på højre og venstre side af brystet resten af dit liv.

Udsat dette, når du falder i en eller anden ulykke, skal du henvende dig til dine sande venner eller nære familie, og hvis du stadig ikke finder støtten, skal du søge efter Gud tilflugten på det rigtige tidspunkt. Han er den eneste, der ikke længere vil opgive ham, da hans situation er rystende. Giv din smerte og din tro på bedre dage til det umuliges Gud, og du vil ikke omvende dig.

"I trængsel trøstede du mig. Barmhjertighed med mig, og lyt til mig Bøn. (Salme 4.2)

Forførelsen af verden versus Guds vej

Verden er det store område, hvor Guds børn og djævelen arbejder for deres formål. Som i enhver verden, der hænger efter med hensyn til evolution, lever vi en blodig dualitet, som mennesker i grupper, der sammen danner samfund.

Selvom vi siger, at de fleste mennesker har gode intentioner, er det, du ser, en virtualisering af sund fornuft. De fleste foretrækker verdens ting frem for Guds ting. Folk beder om magt, penge, konkurrerer om prestige, synker i urolige partier, praktiserer udstødelse og støder urolige, praktiserer sladder og bagvaskes over den anden, foretrækker at bestige skalaen af hierarki ved at bedrage, fordømme og videregive andre. Jeg, som Guds repræsentant, er ikke i tvivl om, at disse mennesker ikke er af Gud. De er døtre til djævelens ujævnhed, der vil blive brændt nådesløst i afgrundens larver i beregningen. Det er ingen dom, det er virkeligheden i forholdet mellem plante-høst.

Hvis du har værdier og har tillid til det gode kræfter, opfordrer jeg dig til at være en del af din fars rige. Ved at give afkald på verden vil du endelig se vor Guds storhed og godhed. En far, der accepterer dig som du er, og som elsker dig med kærlighed større end din forståelse når. Vælg. Her er alt flygtigt, og ved siden af os kan du opleve, hvad ordet virkelig betyder "Fuld lykke."

"Mænd, hvor længe skal du have hans hjerte hærdet, elske forfængelighed og søge løgnen? (Salme 4: 3).

At lære Gud at kende

Gud er det mest vidunderlige at være der det. Fra min erfaring har jeg kendt ansigtet til denne kærlige far, der altid vil have vores gode. Så hvorfor ikke give ham en chance? Giv ham dine kors og håb, så en stærk hånd kan ændre dit liv. Jeg garanterer, at du ikke længere vil være den samme. Jeg håber inderligt, at du vil reflektere disse få ord og træffe en endelig beslutning i dit liv. Desuden venter jeg på dig. Held og lykke. Jeg elsker dig, brødre!

Den retfærdige og forholdet til Gud

Forholdet til Gud

Tak altid din åndelige far for alle de nåde, der er sket i hele hans liv. At føle sig taknemmelig og glad for, at Gud gav ham liv, er en forpligtelse. Hans navn er hellig og dækket af herlighed i alle dele af verden. I tilfælde af nød eller har brug for det og helt sikkert åbner det sine måder, der viser en endelig løsning på dit problem.

Når vi taler om problemer, har mange af dem årsagen til, at deres fjender handler. Appel med tillid til min far, og enhver, der ønsker ondt, vil snuble. Ved, at Gud faderen altid vil være ved din side, bare have mere tillid til ham. De retfærdige hviler altid af faderen. Du skal dog prøve en tilgang med dine antipatier. Gør din fjende til en nær og trofast ven eller i det mindste have et venligt forhold. En intriger holder sjælen i mørke, væk fra guddommelig handling og uden brug af at klage over fraværet, du har selv holdt den væk med din vrede og for- agt over for andre. Tænk over det.

Ja, Gud vil elske dig og imødekomme dine forventninger i det omfang, det gode du har gjort mod andre. Sørg for, at hvis du giver det helt op, vil han få sit folk til at kæmpe for dig i enhver intern og ekstern krig, der opstår. Han vil være i stand til at åbne havet eller ødelægge nationer til hans gavn, for med tro har du vendt dig til ham.

Han gør det, så han kan synge sin ære og i forfærdelse slutte hans sjæl sig til de udvalgte sjæle for at tøjle med Jesus. Guds rige bliver bygget lidt efter lidt, og de fleste af dets medlemmer er de fattige og ydmyge af hjertet. I denne åndelige dimension er der kun fred, lykke, tro, lighed, samarbejde, broderskab og kærlighed uden grænser blandt dets medlemmer. De, der satte sig for at følge mørkets sti, er nu ild- og svovlsøen, hvor de vil blive plaget dag og nat på grund af deres synders sværhedsgrad.

Dette kaldes guddommelig retfærdighed. Retfærdighed giver hvad alle fortjener med ret, og han gør det til ære for de undertrykte, mindretallene, de lidende fattige, alle de små i verden, der lider underordnet den konservative elite. Ud over retfærdighed findes guddommelig barmhjertighed og uigennemtrængelig for ethvert sind. Derfor er han Gud, en der altid vil være med åbne arme for at modtage sine børn.

Hvad du skal gøre

Jeg mødte den guddommelige far i det sværeste øjeblik i mit liv, på et øjeblik da jeg var død, og mit håb løb tør. Han lærte mig sine værdier og rehabiliterede mig fuldstændigt. Han kan gøre det samme mod dig. Alt hvad du skal gøre er at acceptere handlingen af hans herlige navn i hans liv.

Jeg følger nogle grundlæggende værdier: Kærlighed først, forståelse, respekt, ækvivalens, samarbejde, tolerance, solidaritet, ydmyghed, løsrivelse, frihed og dedikation til mission. Forsøg at passe på dit liv og ikke bagvaskes med det andet, for Gud dømmer hjerter. Hvis nogen gør ondt i dig, skal du ikke tænke over det igen, dreje den anden kind og overvinde dit nag. Alle savner og fortjener endnu en chance.

Prøv at optage dit sind med arbejde og fritidsaktiviteter. Lediggang er en farlig fjende, der kan føre dig til den ultimative ødelæggelse. Der er altid noget at gøre.

Forsøg også at styrke din åndelige del, hyppige din kirke ofte og få råd fra din åndelige guide. Det er altid godt at have en anden mening, når vi finder os i tvivl om, hvilken beslutning der skal træffes. Vær klog og lær af dine fejl og succeser.

Frem for alt skal du være dig selv i alle situationer. Ingen snyder med Gud. Handle i enkelhed og vær altid trofast, at Gud vil betro dig endnu større positioner. Deres storhed i himlen vil blive kvantificeret i deres trældom, den mindste af jorden vil blive prydet med specielle steder tæt på det større lys.

Jeg giver dig alt mit håb

Herre Gud, du, som holder øje med min indsats dag og nat, beder dig om vejledning, beskyttelse og mod til at fortsætte med at bære mine kors. Velsign mine ord og handlinger, så de altid er gode, saliggjort min krop, min sjæl og mit sind. Må mine drømme gå i opfyldelse intet hav langt, som de måtte være. Tillad mig ikke at dreje til højre eller til venstre. Når du dør, giv mig nåde ved at leve med de udvalgte. Amen.

Venskab

Sand ven er den der er sammen med dig i de dårlige tider. Det er ham, der forsvarer dig med sin sjæl og sit liv. Lad dig ikke narre. I gode tider vil du altid være omgivet af mennesker med de mest forskellige interesser. Men i mørke tider er kun de sande tilbage. For det meste din familie. De, der antyder så meget og ønsker deres gode, er deres sande venner. Andre mennesker kommer altid tæt på grund af fordele.

"Du spiser kun honningbrød med mig, hvis du spiser græs med mig." Denne sande sætning opsummerer, hvem vi skal give sand værdi til. Den forbigående velstand tiltrækker mange interesser, og mennesker transformerer. Vide, hvordan man reflekterer over ting. Hvem var med dig fattig? Det er disse mennesker, der virkelig fortjener din tillid. Lad dig ikke narre af de falske lidenskaber, der gør ondt. Analyser situationen. Ville denne have den samme følelse for dig, hvis du var en dårlig tigger? Mediter på det, så finder du dit svar.

Den, der fornægter dig offentligt, er ikke hans kærlighed værdig. Enhver, der er bange for samfundet, er ikke villig til at være lykkelig. Mange mennesker bange for at blive afvist på grund af deres seksuelle orientering afviser deres partnere offentligt. Dette forårsager alvorlige psykologiske lidelser og vedvarende følelsesmæssig smerte. Det er tid til at genoverveje dine valg. Hvem elsker dig virkelig? Jeg er sikker på, at denne person, der afviste dig offentligt, ikke er blandt dem. Tag mod og skift dit livs bane. Efterlad fortiden, lav en god plan og gå videre. I det øjeblik du holder op med at lide for den anden og tager tøjlerne i dit liv, bliver din vej lettere og lettere. Vær ikke bange og tag en radikal holdning. Kun det kan frigøre dig.

Tilgivelse

Tilgivelse er yderst nødvendigt for at opnå ro i sindet. Men hvad betyder det at tilgive? Tilgivelse er ikke at glemme. At tilgive er at afslutte en situation, der har bragt dig tristhed. Det er umuligt at slette minder om, hvad der skete. Dette vil du tage med dig resten af dit liv. Men hvis du sidder fast i fortiden, vil du aldrig leve i nutiden, og du vil ikke være lykkelig. Lad ikke de andre fjerne din fred. Tilgiv mig for at komme videre og leve nye oplevelser. Tilgivelse vil endelig frigøre dig, og du vil være klar til at få en ny vision om livet. Den mand, der fik dig til at lide, kan ikke ødelægge dit liv. Tænk at der er andre gode mænd, der er i stand til at give dig gode tider. Har en positiv holdning. Alt kan blive bedre, når du tror på det. Vores positive vibrationer påvirker vores liv på en sådan måde, at vi kan sejre. Har ikke negative eller små holdninger. Dette kan føre til destruktive resultater. Slip af med alt ondt, der løber gennem din sjæl, og filtrer kun det gode. Bare hold det, der tilføjer gode ting til dig. Tro mig, dit liv bliver bedre efter denne holdning.

Tal ærligt til din modvilje. Gør dine forventninger klare. Forklar, at du har tilgivet, men du vil ikke give den en ny chance. At genopleve en kærlig fortid kan være meget destruktivt for begge. Det bedste valg er at tage en ny retning og prøve at være lykkelig. Vi fortjener alle lykke, men ikke alle tror på den. Lær hvordan man venter på Guds tid. Vær taknemmelig for de gode ting, du har. Bliv ved med at søge efter dine drømme og din lykke. Alt sker på det rigtige tidspunkt. Skaberens planer for os er perfekte, og vi ved ikke engang, hvordan vi skal forstå. Giv dit liv helt til Guds design, og alt vil ordne sig. Omfavn din mission med glæde, og du vil have glæde i at leve. Følelsen af tilgivelse vil transformere dit liv på en måde, du aldrig har tænkt på, og den dårlige begivenhed vil kun være en forældet hindring. Hvis du ikke lærer i kærlighed, lærer du i smerte. Dette er et ordsprog, der gælder for den situation.

Find vej

Hver person har en særlig og unik bane. Der er ingen mening i at følge nogen parametre. Det, der er vigtigt, er at undersøge mulighederne. At have nok information er altafgørende for at tage en professionel eller kærlig beslutning. Jeg mener, at den økonomiske faktor skal overvejes, men det skal ikke være afgørende i din beslutning. Ofte er det, der gør os lykkelige, ikke penge. Det er situationerne og fornemmelserne i et bestemt område. Opdag din gave, reflekter over din fremtid, og beslut. Vær tilfreds med dine valg. Mange af dem transformerer vores skæbne definitivt. Så tænk godt inden valgene.

Når vi træffer det rigtige valg, flyder alt i vores liv perfekt. De rigtige valg fører os til konkrete og varige resultater. Men hvis du laver en fejl i din beslutning, skal du ændre dine planer og prøve at få det rigtigt næste gang. Du kompenserer ikke for tabt tid, men livet har givet dig en ny chance for succes. Vi har ret til enhver chance, som livet giver os. Vi har ret til at prøve så mange gange, som vi har brug for. Hvem har aldrig lavet en fejl i deres liv? Men respekter altid andres følelser. Respekter andres beslutninger. Accepter din fiasko. Det vil ikke mindske din kapacitet. Omfavn din nye start og synd ikke igen. Husker du hvad Jesus sagde? Vi kan endda tilgive, men du skal skamme dig og ændre din holdning. Først da vil du være parat til at være lykkelig igen. Tro på dine kvaliteter. Har gode etiske værdier og ydmyge dig ikke for nogen. Lav en ny historie.

Sådan bor du på arbejde

Arbejde er vores andet hjem, udvidelsen af vores lykke. Det skal være et sted for harmoni, venskab og medvirken. Dette er dog ikke altid muligt. Hvorfor sker dette? Hvorfor er jeg ikke glad på arbejde? Hvorfor forfølges jeg? Hvorfor arbejder jeg så hårdt, og jeg er stadig fattig? Disse og mange andre spørgsmål kan diskuteres her.

Arbejde er ikke altid harmonisk, fordi vi lever med forskellige mennesker. Hver person er en verden, har sine problemer, og det påvirker alle omkring. Det er her kampene og uenighederne sker. Dette forårsager smerte, frustration og vrede. Du drømmer altid om en perfekt arbejdsplads, men når det kommer til skuffelse, giver det dig ubehag. Som et resultat var vi utilfredse. Ofte er hans arbejde hans eneste økonomiske støttepunkt. Vi har ingen mulighed for at fratræde, selvom vi ofte vil have det. Du annullerer og gør oprør. Men han forbliver i jobbet af nødvendighed.

Hvorfor jages vi af chefer og kolleger? Der er mange grunde: Misundelse, fordomme, håbløshed. Det markerer os for evigt. Dette genererer en følelse af mindreværd og desillusion. Det er forfærdeligt at skulle bevare freden, når man vil skrige til den verden, der er rigtig. Du gør et perfekt stykke arbejde, og du bliver ikke genkendt. Du får ikke komplimenter, men din chef gør et punkt i at kritisere dig. Desuden rammer du tusind gange, men hvis du laver en fejl, bliver du kaldt inkompetent. Selvom jeg ved, at problemet ikke er i dig, genererer det ensartet traume i dit sind. Du bliver et arbejdsobjekt.

Hvorfor arbejder jeg så hårdt, og jeg er fattig? Det må være en refleksion. Vi lever i kapitalisme, et vildt økonomisk system, hvor de fattige udnyttes til at skabe rigdom til de rige. Dette sker i alle sektorer af økonomien. Men at være ansat kan være en mulighed. Vi kan foretage os i næsten alle sektorer med få penge. Vi kan skabe vores forretning og være chefer for os selv. Dette bringer os utrolig selvtillid. Men intet kan gøres uden planlægning. Vi er nødt til at evaluere den positive og negative side, så vi kan beslutte, hvilken der er den bedste måde. Vi har altid brug for en baggrund, men frem for alt skal vi være glade. Desuden skal vi være proaktive og blive hovedpersoner i vores historie. Vi er nødt til at finde "mødestedet" for vores behov. Husk at du er den eneste, der ved, hvad der er bedst for dig.

At bo med uudholdelige mennesker på arbejde

Ofte finder du din værste fjende på arbejdspladsen. Den kedelige person, der jagter dig og opfinder ting for at skade dig. Andre kan ikke lide dig uden nogen åbenbar grund. Dette er så smertefuldt. At skulle leve med fjender er en forfærdelig ting. Det kræver en masse kontrol og mod. Vi er nødt til at styrke den psykologiske side for at overvinde alle disse forhindringer. Men der er også en anden mulighed. Du kan skifte job, anmode om en overførsel eller oprette din egen virksomhed. Ændring af miljøer hjælper undertiden meget den situation, du er i.

Hvordan håndteres lovovertrædelser? Hvordan reagerer man overfor verbale angreb? Jeg synes ikke det er godt at holde munden lukket. Det giver et falsk indtryk af, at du er et fjols. Reagere. Lad ikke nogen skade dig. Du er nødt til at adskille ting. Det er en ting for din chef at samle resultater fra dit arbejde, og en anden ting er helt anderledes at jagte dig. Lad ikke nogen kvæle din frihed. Vær autonom i dine beslutninger.

Forbereder sig på at få en selvstændig arbejdsindkomst

For at kunne forlade arbejdet og være uafhængig er vi nødt til at analysere markedet. Invester dit potentiale i, hvad du kan lide mest. Det er dejligt at arbejde med det, du kan lide. Du er nødt til at kombinere lykke med økonomisk indkomst. Arbejd og lav en god økonomisk reserve. Invester derefter med planlægning. Beregn alle dine trin og trin. Forskning og høring af eksperter. Vær sikker på hvad du vil have. Med en vej at gå vil alt være lettere for dig.

Hvis din første mulighed ikke virker, skal du revurdere din sti og fortsætte med at nå dine mål. Tro på dit potentiale og talent. Mod, beslutsomhed, mod, tro og vedholdenhed er de væsentlige elementer i succes. Sæt Gud først, og alle andre ting tilføjes. Tro på dig selv og vær glad.

Analysere mulighederne for specialisering i studier

At studere er afgørende for arbejdsmarkedet og for livet generelt. Viden samler og transformerer os. At læse en bog, tage et kursus, have et erhverv og have et bredt overblik over ting hjælper os med at vokse. Viden er vores magt mod angreb af uvidenhed. Det tager os på en klarere og mere præcis vej. Derfor skal du specialisere dig i dit erhverv og være en kompetent professionel. Vær original og opret forbrugertendenser. Frigør dig fra pessimisme, tag flere risici og vedhold. Tro altid på dine drømme, fordi de er dit kompas i mørkets dal. Vi kan gøre alt i ham, der styrker os.

Undersøg dit ekspertiseområde. Opret læringsmekanismer. Genopfinde dig selv. Det kan være muligt at blive det, du altid har drømt om. Det eneste, der kræves, er en handlingsplan, planlægning og viljestyrke. Opret din succes, så bliver du glad. Meget vellykket for dig.

Hvordan man bor i familien

Hvad er familie

Familie er de mennesker, der bor hos dig, uanset om de er beslægtede eller ikke. Det er den første familiekerne, du er en del af. Generelt består denne gruppe af far, mor og børn.

At have en familie er af grundlæggende betydning for menneskelig udvikling. Vi lærer og underviser i denne lille familiekerne. Familie er vores base. Uden hende er vi intet. Derfor fylder denne følelse af at tilhøre noget sjælen med mennesket.

Men når vi lever med jaloux eller onde mennesker, kan det hindre vores personlige udvikling? I dette tilfælde gælder følgende ordsprog: "Kun bedre end dårligt ledsaget". Mennesket har også brug for at vokse, erobre sine rum og danne sin familie. Det er en del af livets naturlige lov.

Hvordan man respekterer og respekteres

Den største regel for at bo i en familie skal være respekt. Selvom de kan leve sammen, giver det ikke den anden ret til at blande sig i deres liv. Bekræft denne holdning. Har dit job, dit værelse, dine medarbejder ting hver for sig. Hver familie skal have deres personlighed, handlinger og ønsker respekteret.

Bor sammen eller forlader hjemmet og har mere privatliv? Mange unge stiller sig ofte dette spørgsmål. Fra min personlige erfaring er det kun værd at forlade huset, hvis du har nogen støtte uden for hjemmet. Tro mig, ensomhed kan være den værste af dine fjender og mishandle dig meget.

Jeg levede ud i fire måneder med den undskyldning, at jeg ville være tættere på arbejdet. Men faktisk prøvede jeg at finde kærlighed. Jeg troede, at det ville være lettere for mig at søge at bo i storbyen. Men det er ikke, hvad der skete. Folk er blevet komplicerede i den moderne verden. I dag hersker materialisme, egoisme og ondskab.

Jeg boede tidligere i en lejlighed. Jeg havde mit privatliv, men jeg følte mig totalt utilfreds. Desuden har jeg aldrig været en ung fest eller drukket. At bo alene appellerer ikke til mig så meget. Til sidst indså jeg, at mit ansvar var steget snarere end mindsket. Så jeg besluttede at gå hjem. Det var ikke en let beslutning. Jeg vidste, at de havde afsluttet mit håb om at finde nogen. Jeg er sammen med Homoseksuel gruppe. Det er utænkeligt, at jeg får en kæreste derhjemme, fordi min familie er helt traditionel. De ville aldrig acceptere mig for den jeg er.

Jeg kom hjem og tænkte på at fokusere på arbejde. I en alder af 36 havde han aldrig fundet en partner. Han akkumulerede fem hundrede afvisninger, og dette steg hver dag. Så spurgte jeg mig selv: Hvorfor dette behov for at finde lykke hos den anden? Hvorfor kan jeg ikke gøre mine drømme til virkelighed alene? Det eneste, jeg havde at gøre, var at have god økonomisk støtte, og jeg kunne nyde livet bedre. Denne tanke om at være lykkelig ved siden af nogen er næsten forældet i disse dage. Det sker sjældent. Så jeg fortsatte mit liv med mine projekter. Jeg er forfatter og filmskaber.

Økonomisk afhængighed

At vide, hvordan man håndterer det økonomiske spørgsmål er altafgørende i disse dage. På trods af at de lever som familie, skal alle have deres levebrød. Mange gange var jeg nødt til at hjælpe min familie, fordi jeg er den eneste, der har et fast arbejde. Men situationen blev meget vanskelig, da de bare ventede på mig. Derfor forlod jeg også huset. De måtte vågne op til virkeligheden. Hjælp er godt, når du har rester. Men det er ikke rimeligt, at jeg arbejder, og andre mennesker nyder mine penge mere, end jeg selv gør.

Dette eksempel viser, hvor vigtig opmærksomhed er. Vi er nødt til at adskille ting. Hver og en skal søge at arbejde. Alle kan overleve. Vi skal være hovedpersoner i vores historie og ikke være afhængige af andre. Der er syge situationer i nutidens verden. Det er ikke kærlighed. Det er bare økonomisk interesse. At blive bedraget med kærlighed vil kun medføre lidelse.

Jeg forstår, at det ikke er let at håndtere nogle situationer. Men vi skal være rationelle. Sønnen blev gift. Lad ham overtage sit liv. Børnebørn at passe på? Slet ikke. Det er forældrenes ansvar. Du, der allerede er i alderdommen, skal nyde livet ved at rejse og gøre behagelige aktiviteter. Du har opfyldt din rolle. Desuden ønsker du ikke at tage sig af andres ansvar. Dette kan være meget skadeligt for dig. Lav en indre refleksion og se, hvad der er bedst for dig.

Betydningen af eksemplet

Når vi taler om børn, taler vi om landets fremtid. Så det er yderst vigtigt, at de har en god familiebase. Generelt er de en afspejling af det miljø, de lever i. Hvis vi har en struktureret og lykkelig familie, er tendensen, at unge følger dette eksempel. Derfor er ordsproget sandt: "Den, der er en god søn, er en god far." Dette er dog ikke en generel regel.

Vi har ofte unge oprørere. Selvom de har vidunderlige forældre, læner de sig mod det onde. I så fald skal du ikke føle dig skyldig. Du gjorde din del. Hvert menneske har sin frie vilje. Hvis barnet har valgt det onde, vil det bære konsekvenserne. Det er naturligt i et samfund. Der er godt og ondt. Dette er en personlig beslutning.

Jeg valgte det gode, og i dag er jeg en glad, ærlig og sund person. Jeg er et eksempel på vedholdenhed og håb mod mine drømme. Desuden tror jeg på værdierne ærlighed og arbejde. Lær det til dine børn. Berolige godt og høste det gode. Vi er frugten af vores bestræbelser, hverken mere eller mindre. Alle har, hvad de fortjener.

Ende

www.ingramcontent.com/pod-product-compliance
Lightning Source LLC
Chambersburg PA
CBHW050618160726
48003CB00003B/1231